LIBRO DE TRABAJO

Alisa DiLorenzo
con Tony Dilorenzo

Los 6 Pilares de la Intimidad Libro de Trabajo © Copyright 2024, Alisa DiLorenzo con Tony DiLorenzo

Todos los derechos reservados. Queda prohibida la reproducción, distribución y transmisión de esta obra, de cualquier manera y por todos los medios, incluyendo fotocopias, grabaciones u otros métodos electrónicos o mecánicos, sin el permiso previo por escrito de la autora, excepto en el caso de citas breves incluidas en reseñas y otros usos no comerciales permitidos por la ley de derechos de autor.

Si bien la autora y la editorial han hecho todo lo posible para garantizar que la información contenida en este libro fuera correcta al momento de su impresión, la autora y la editorial se desligan de toda responsabilidad por cualquier pérdida, daño o trastorno causado por errores u omisiones, ya sea que dichos errores u omisiones se deban a negligencia, accidente o cualquier otra causa.

El lector o consumidor es el único responsable de cumplir con las leyes y reglamentos vigentes, incluidos las disposiciones internacionales, federales, estatales y locales que rigen la concesión de licencias profesionales, las prácticas comerciales, la publicidad y todos los demás aspectos de la actividad comercial en los EE. UU., Canadá o cualquier otra jurisdicción.

Ni el autor ni la editorial asumen responsabilidad alguna en nombre del consumidor o lector de este material. Cualquier interpretación personal por parte de un individuo u organización es puramente accidental.

Los recursos de este libro se proporcionan únicamente con fines informativos y no deben utilizarse para sustituir la formación especializada y el juicio profesional de un profesional médico o de salud mental.

Ni el autor ni la editorial son responsables del uso que se haga de la información contenida en este libro. Por favor, consulte siempre a un profesional capacitado antes de tomar una decisión relacionada con su bienestar o el de otros.

Escritura tomada de la SANTA BIBLIA, NUEVA VERSIÓN INTERNACIONAL (R). Copyright (C) 1973, 1978, 1984 por la Sociedad Bíblica Internacional. Utilizado con permiso de Zondervan. Todos los derechos reservados.

Para solicitar información, diríjase a:
ONE Extraordinary Marriage, PO Box 721674, San Diego, CA 92172
O por correo electrónico: info@oneextraordinarymarriage.com

ISBN: 979-8-9884374-3-7

DETECTA, ENFÓCATE Y SOLUCIONA CUALQUIER GRIETA EN TU MATRIMONIO...

Este test te ayudará a ver cuál de los pilares está causando las grietas para que puedas centrarte en lo que más necesita tu matrimonio, YA mismo.

¡Responde el test hoy mismo SIN CARGO!

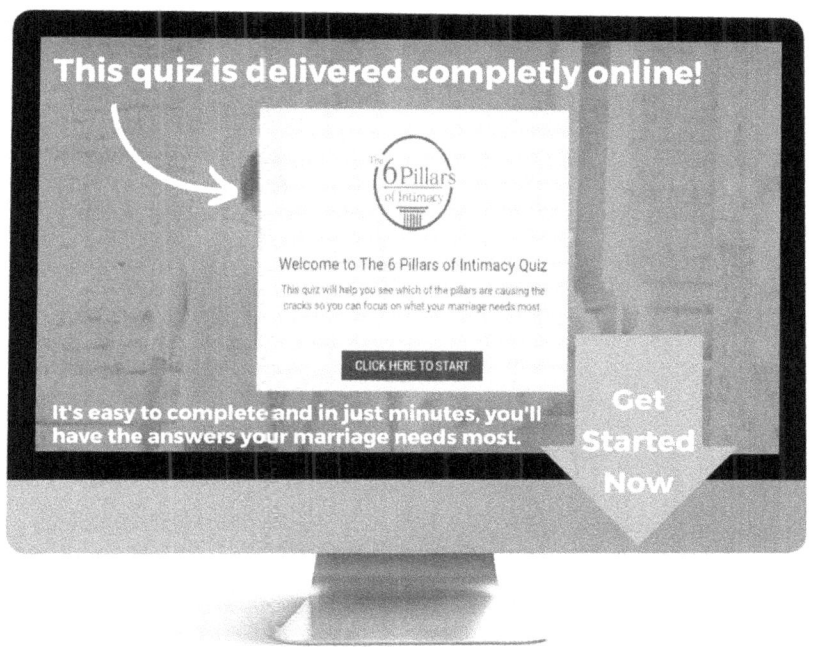

Para disfrutar al máximo de este libro, hemos comprobado que los lectores que descargan y utilizan el test de *Los 6 Pilares de la Intimidad*® son capaces de poner los conocimientos en práctica más rápidamente y dar el paso hacia el matrimonio extraordinario que siempre desearon.

Obtén tu test SIN CARGO ingresando a:
www.OneExtraordinaryMarriage.com/quiz

CONTENIDOS

NOTA RÁPIDA vii

¿POR QUÉ UN CUADERNILLO DE ACTIVIDADES? 1

CAPÍTULO 1
LO QUE NADIE TE CONTÓ SOBRE EL MATRIMONIO 5

CAPÍTULO 2
INTIMIDAD NO ES SOLO SEXO 13

CAPÍTULO 3
CONSTRUYE EL ÉXITO 17

CAPÍTULO 4
LOS 6 PILARES DE LA INTIMIDAD® 23

CAPÍTULO 5
PILAR #1: INTIMIDAD EMOCIONAL 27

CAPÍTULO 6
PILAR #2: INTIMIDAD FÍSICA 39

CAPÍTULO 7
PILAR #3: INTIMIDAD FINANCIERA 49

CAPÍTULO 8
PILAR #4: INTIMIDAD ESPIRITUAL 61

CAPÍTULO 9
PILAR #5: INTIMIDAD RECREACIONAL 69

CAPÍTULO 10
PILAR #6: INTIMIDAD SEXUAL 79

CAPÍTULO 11
TODOS LOS PILARES IMPORTAN 89

CAPÍTULO 12
LAS BIFURCACIONES EN EL CAMINO 97

¿NECESITAS AYUDA PERSONALIZADA PARA MEJORAR TU MATRIMONIO? 104

ACERCA DE LOS AUTORES 106

DÉJANOS TU RESEÑA 108

NOTA RÁPIDA

SI USTED ES LÍDER DE UN GRUPO PEQUEÑO/GRUPO EN CASA/GRUPO DE CONEXIÓN…

El libro y el cuaderno de actividades de *Los 6 pilares de la intimidad*® se escribieron pensando en los lectores. Cada capítulo promueve la conversación con la pareja y la discusión en grupo. Si diriges un grupo y utilizas estos l bros como herramienta, nos gustaría proporcionarte una Guía del líder con recursos para cada capítulo.

Puedes obtener el tuyo en: www.OneExtraordinaryMarriage.com/leadersguide

¿POR QUÉ UN CUADERNILLO DE ACTIVIDADES?

Sé que algunos de ustedes estarán pensando: "¿No puedo tan solo leer el libro? ¿Para qué necesito un cuadernillo de actividades?"

Es una pregunta válida. Voy a compartir con ustedes la misma respuesta que he compartido con las más de 400 parejas que tuve el privilegio de entrenar.

Cuando vas más allá de la lectura y dedicas tiempo a tomar notas, reflexionar sobre las preguntas y volcar tus respuestas en papel, marcas un camino diferente en tu cerebro y en tus acciones. Esto te llevará de: "el concepto es estupendo y deberíamos hacerlo" a: "¿qué pienso realmente sobre esto y cómo podemos lograr implementarlo en nuestro matrimonio?"

Piensa en el trayecto que recorre un pensamiento antes de llegar a la página de este cuadernillo de actividades

- Una pregunta dispara un pensamiento en tu cabeza.
- Tu cuerpo responde a ese pensamiento, física y emocionalmente.
- El acto de escribir la respuesta permite que todo tu cuerpo experimente el pensamiento.
- Ver tus palabras sobre el papel crea otra oportunidad para reflexionar.
- Compartir tus palabras con tu pareja, o dentro de tu pequeño grupo, crea oportunidades para la intimidad emocional, para la vulnerabilidad, y para la retroalimentación.

El cuadernillo de actividades de *Los 6 Pilares de la Intimidad*® es más que una serie de preguntas. En ONE Extraordinary Marriage, buscamos ser intencionales y pasar a la acción. El cuadernillo de actividades que tienes en tus manos le permite hacer ambas cosas. Es un recurso más en tu caja de herramientas matrimoniales. Utilízalo para reflexionar sobre cada uno de los capítulos del libro, o como diario para reflexionar con un grupo pequeño. Tómate tu tiempo para responder a cada pregunta. Quizás te sorprendas de todo lo que puedes aprender sobre ti mismo/a y sobre tu pareja. Junto con *Los 6 Pilares de la Intimidad*®, este cuadernillo de actividades te permitirá erigir *Los 6 Pilares de la Intimidad*® en tu matrimonio

CÓMO UTILIZAR ESTE CUADERNILLO DE ACTIVIDADES

Notarás que cada capítulo contiene tanto preguntas para responder como una sección para hacer anotaciones libres.

- Responde las preguntas. Sí, lo he dicho. <u>Si quieres ver resultados, haz la tarea.</u> ¿Quieres saber por qué has respondido como lo has hecho? Responde las preguntas. ¿Quieres entender la dinámica de tu matrimonio? Responde las preguntas. ¿Quieres entender mejor los pensamientos que afectan tu forma de actuar en el matrimonio? Responde las preguntas.

- Toma notas mientras lees. Verás que hay un capítulo para cada capítulo del libro *Los 6 Pilares de la Intimidad*®. A algunas personas les gusta tomar notas en sus libros, a otras les gusta tener un diario separado donde puedan reflexionar. Utilizar el cuadernillo de actividades para apuntar tus notas te permitirá tenerlas todas juntas

- Toma notas mientras conversas con tu pareja o con tu grupo de conexión. *Los 6 Pilares de la Intimidad*® brinda un marco que cualquier pareja puede utilizar, pero cada pareja lo adaptará de manera única según su matrimonio. Cuando converses con otras personas sobre lo que estás aprendiendo en cada capítulo, toma notas. Nunca se sabe cuándo las ideas de otra persona se convertirán en algo que puedes poner en práctica.

- Si tienes la tentación de responder "No lo sé" a una pregunta, detente y permítete pensar. En nuestras sesiones de coaching, he descubierto que la respuesta más fácil es "No lo sé", pero a menudo no es verdad. La mayoría de las personas con las que tengo el privilegio de trabajar sí lo saben; solo necesitan tiempo para sentarse y reflexionar, o necesitan darse un lugar para ser sinceros. Ni tu ni tu pareja pueden hacer algo con un "No lo sé" como respuesta.

CAPÍTULO 1

LO QUE NADIE TE CONTÓ SOBRE EL MATRIMONIO

A medida que avances a través de las páginas del libro *Los 6 Pilares de la Intimidad*®, verás cómo crecen y cambian tanto tu como tu matrimonio. El punto donde comienzas será muy distinto al punto en el que termines. ¡Lo MEJOR está por llegar!

SU HISTORIA

Describe su historia de amor.

_____
_____
_____
_____
_____
_____
_____
_____
_____
_____
_____
_____
_____
_____
_____

DESAFÍO #1: TU PAREJA LLEVARÁ SU VIDA DE MANERA DIFERENTE

A menudo pienso que somos diferentes en los siguientes aspectos:

_____
_____
_____
_____
_____

Estas diferencias me hacen sentir:

_____
_____
_____
_____
_____

A veces, quisiera que fueras más como yo cuando se trata de:

_____
_____
_____
_____

DESAFÍO #2: EL MATRIMONIO NO VIENE CON MANUAL

Antes de casarme, ojalá hubiera sabido:

_____
_____
_____
_____

Algunas de las áreas para las que desearía tener algún tipo de manual son:

_____
_____
_____
_____

DESAFÍO #3: TENDRÁS QUE LCUHAR COTRA LAS COMPARACIONES

Suelo compararme a mí mismo/a o a nuestra relación con los demás, sobre todo cuando se trata de::

_____
_____
_____
_____

Cuando me comparo a mí mismo/a o a nuestra relación con otros, suelo sentirme:

DESAFÍO #4: PUEDE QUE SE CONVIERTAN EN COMPAÑEROS DE PISO

Para mí, el "síndrome del compañero de piso" es:

Creo que tenemos más riesgo de acabar viviendo como compañeros de piso cuando:

DESAFÍO #5: EL MATRIMONIO NO ES COMO EN LAS PELÍCULAS

Al reflexionar sobre nuestro matrimonio, me doy cuenta de que he aspirado a un matrimonio de película como:

_____
_____
_____
_____

Esta comparación me ha hecho sentir:

_____
_____
_____
_____

POR QUÉ LA INTENCIONALIDAD LO CAMBIA TODO

Para mí, la palabra "intencionalidad" significa:

_____
_____
_____
_____

Un área de nuestro matrimonio en la que deseo ser intencional es:

_____

_____

_____

_____

_____

NOTAS:

CAPÍTULO 2

INTIMIDAD NO ES SOLO SEXO

¿QUÉ ES LA INTIMIDAD, MÁS ALLÁ DEL SEXO?

Al reflexionar sobre cómo relaciono las palabras "intimidad" y "sexo", me doy cuenta de que:

_____

_____

_____

_____

_____

Esto me ha llevado a hacer afirmaciones como:

_____

_____

_____

_____

_____

Si la intimidad en el matrimonio fuera solo sexo, el efecto sobre nuestro matrimonio sería::

_____
_____
_____
_____
_____

Cuando pienso en la intimidad como algo más que sexo, lo primero que me viene a la cabeza es:

_____
_____
_____
_____
_____
_____

NOTAS:

CAPÍTULO 3

CONSTRUYE EL ÉXITO

El éxito en el matrimonio no sucede por arte de magia. Es el resultado de acciones conscientes e intencionadas.

¿QUÉ PUEDO HACER?

Cuando me pregunto, "¿Qué puedo hacer por nuestro matrimonio?, lo primero que me viene a la mente es:

_____
_____
_____
_____
_____

Cuando pienso en ocuparme de las cosas que puedo cambiar yo mismo/a antes de pedirte a ti que cambies, me siento:

_____
_____
_____
_____
_____
_____

¿QUÉ PODEMOS HACER?

Una afirmación del libro dice que "el matrimonio es el deporte de equipo por excelencia". Cuando leí esta afirmación, mi primera reacción fue:

_____
_____
_____
_____

Cuando reflexiono sobre "qué podemos hacer," me siento _____
porque:

_____
_____
_____
_____

OBSTÁCULO #1: LAS EXPECTATIVAS NO EXPRESADAS

Me doy cuenta de que a veces pretendo que mi pareja me lea la mente o adivine qué pienso en las siguientes áreas:

_____
_____
_____
_____

Al darme cuenta de que mi pareja no puede adivinar mis pensamientos, me comprometo a hacer lo siguiente para que él/ella sepa lo que estoy pensando:

___

___

___

___

OBSTÁCULO #2: LA CULPA

He culpado a mi pareja por:

___

___

___

___

Al culparle, he creado la siguiente dinámica en nuestro matrimonio:

___

___

___

___

OBSTÁCULO #3: LOS ULTIMÁTUMS

A lo largo de nuestro matrimonio, he puesto estos ultimátums:

_____
_____
_____

Esperaba que mi pareja reaccionara a mis ultimátums de esta manera:

_____
_____
_____

Pero, en cambio, él/ella respondió así:

_____
_____
_____

Ser consciente de estos tres obstáculos me permite:

_____
_____
_____
_____

NOTAS:

CAPÍTULO 4

LOS 6 PILARES DE LA INTIMIDAD®

En el libro *Los 6 Pilares de la Intimidad*®, los pilares se describen como estructuras:

- Aportan fuerza
- Suman belleza
- Soportan peso

Creo que nos vendría bien más fuerza o más belleza en las siguientes áreas:

_____

_____

_____

_____

Los 6 Pilares de la Intimidad® son:
- Intimidad emocional
- Intimidad físicay
- Intimidad financiera
- Intimidad espiritual
- Intimidad recreacional
- Intimidad sexual

El tipo de intimidad que más me sorprendió de esta lista es la intimidad

_____

Me da mucha curiosidad la intimidad _____.

UNAS REFLEXIONES SOBRE LOS MARIDOS Y LAS ESPOSAS

Una creencia que he sostenido sobre los maridos es:

_____
_____
_____
_____

Una creencia que he sostenido sobre las esposas es:

_____
_____
_____
_____

Me doy cuenta de que estas creencias han influido en nuestro matrimonio de esta maner:

_____
_____
_____
_____

NOTAS:

CAPÍTULO 5

PILAR #1: INTIMIDAD EMOCIONAL

La intimidad emocional se refiere a la cercanía y la conexión que se crean al compartir los sentimientos, pensamientos y deseos con otra persona. Esto incluye tanto la comunicación verbal como la no verbal.

Lo primero que viene a mi mente cuando leo/escucho la frase "intimidad emocional" es:

_____
_____
_____
_____

Describiría nuestra intimidad emocional cuando recién nos conocimos de la siguiente manera:

_____
_____
_____
_____

Ahora, describiría nuestra intimidad emocional así:

_____
_____
_____
_____

¿CON QUIÉN?

Creo que está bien hablar con las siguientes personas o tipos de personas cuando atravesamos situaciones en nuestro matrimonio:

_____
_____
_____
_____

[Pregúntale a tu pareja] ¿Con quién crees que está bien hablar cuando pasan cosas en nuestro matrimonio?

_____
_____
_____
_____

[Pregúntale a tu pareja] ¿Hay alguien con quien te gustaría que no hablara cuando se trata de nuestros asuntos?

_____
_____
_____
_____

¿SOBRE QUÉ?

Me resulta *más fácil* hablar contigo acerca de:

_____
_____
_____

Me resulta *más difícil* hablar contigo acerca de:

_____
_____
_____

[Pregúntale a tu pareja]: ¿Qué temas te cuesta más hablar conmigo?

_____
_____
_____

A lo largo de nuestro matrimonio, he visto cambiar este pilar de la intimidad de las siguientes maneras:

_____
_____
_____

¿CUÁNDO?

Teniendo en cuenta mis niveles de energía durante el día, mi mejor momento para tener conversaciones difíciles es alrededor de (especifique hora o día de la semana)::

_____
_____
_____
_____

[Pregúntale a tu pareja] Para ti, ¿cuál sería el momento ideal del día para conversar?

_____
_____
_____
_____

Mi opinión sobre irme a dormir enojado/a:

_____
_____
_____
_____

¿POR QUÉ?

Creo que es importante que tengamos una intimidad emocional sólida porque:

_____
_____
_____
_____

Cuando nuestro pilar de intimidad emocional es fuerte, siento:

_____
_____
_____
_____

¿DÓNDE?

Creo que el mejor lugar para tener conversaciones difíciles es:

_____
_____
_____
_____

Creo que el lugar menos adecuado para tener conversaciones difíciles es:

_____

_____

_____

[Pregúntale a tu pareja] ¿Cuál crees que es el mejor lugar para tener conversaciones difíciles?

_____

_____

_____

_____

[Pregúntale a tu pareja] ¿Cuál crees que es el lugar menos adecuado para tener conversaciones difíciles?

_____

_____

_____

_____

¿CÓMO?

Soy consciente de que, a veces, mi tono de voz puede ser:

_____
_____
_____
_____

Soy consciente de que hay ocasiones en las que mi lenguaje corporal transmite:

_____
_____
_____
_____

UN DESAFÍO COMÚN: NO SOY MUY COMUNICATIVO/A

Creo que no soy comunicativo/a cuando se trata de (piensa en situaciones o temas específicos):

_____
_____
_____
_____

Para comunicarme, me doy cuenta de que necesito _____
para sentirme más cómodo/a.

LAS GRIETAS EN EL PILAR DE LA INTIMIDAD EMOCIONAL

Cuando pienso en este pilar de la intimidad, me parece que tenemos estas grietas:

_____

_____

_____

_____

PEQUEÑOS PASOS: DEDICA UN TIEMPO A PREGUNTARTE..

¿Tengo tendencia a querer hablar de todo, o quiero hablar de muy pocas cosas?

_____

_____

_____

_____

¿Me siento cómodo hablando de cualquier cosa con mi pareja, o hay ciertos temas que tiendo a evitar? Si es así, ¿cuáles son esos temas?

_____

_____

_____

_____

¿Cómo respondo cuando me siento atacado/a o bajo presión?

_____
_____
_____
_____

¿Prefiero mantener una discusión y resolver un tema, o huir y dejar que todo se calme?

_____
_____
_____
_____

¿QUÉ PUEDO HACER?

- Puedo definir qué significa para mí la intimidad emocional y compartirlo con mi pareja.
- Puedo encontrar una rueda de emociones y empezar a identificar lo que siento en el momento.
- Puedo identificar la forma más eficaz de lograr una buena comunicación con mi pareja y compartirlo con él/ella..

¿QUÉ PODEMOS HACER?

- Podemos compartir las mejores formas de comunicarnos y conectar durante el día.
- Podemos priorizar la conexión con el otro todos los días y cada semana.
- Podemos comprometernos a hacer preguntas y aclarar las cosas cuando algo genere confusión.

Si necesitas ayuda específica en esta área de tu matrimonio, te animo a que te inscribas en nuestro coaching en: www.oneextraordinarymarriage.com/coaching

NOTAS:

CAPÍTULO 6

PILAR #2: INTIMIDAD FÍSICA

La intimidad física es la cercanía y la conexión que se crean a través del tacto amoroso. Puede incluir tomarse de la mano, besarse, abrazarse, masajearse la espalda, frotarse los pies o cualquier otra caricia no sexual que responda a la pregunta: "¿Cómo me gusta que me toquen y cómo le gusta a mi pareja que lo/a toquen?"

Mi opinión sobre la idea de que la intimidad física y la intimidad sexual son dos cosas distintas:

_____
_____
_____
_____

Cuando éramos novios/recién casados, nuestra intimidad física incluía:

_____
_____
_____
_____

Ahora, nuestra intimidad física es:

_____
_____
_____
_____

Capítulo 6 - Pilar #2: Intimidad Física

QUÉ TRANSMITE LA INTIMIDAD FÍSICA

Cuando mi pareja me toca, siento::

___
___
___

[Pregúntale a tu pareja] ¿Qué transmito cuando te toco?

___
___
___

¿QUIÉN?

Cuando se trata de tocar, ¿me siento más cómodo teniendo contacto físico con mi pareja o con otras personas (piensa en hijos, amigos, familia extendida)?

___
___
___

Creo que esto es así porque:

___
___
___

¿QUÉ?

Las caricias más significativas para mí son:

_____
_____
_____

Esto ha cambiado en distintas etapas de nuestro matrimonio porque:

_____
_____
_____
_____

[Pregúntale a tu pareja] ¿Qué caricias son más significativas para ti?

_____
_____
_____

¿CUÁNDO?

Cuando más intimidad física deseo es:

_____
_____
_____

[Pregúntale a tu pareja] ¿En qué momentos es más importante que tenga intimidad física contigo?

_____
_____
_____

[Pregúntale a tu pareja] ¿Hay momentos en los que la intimidad física te incomoda o no es bien recibida?

_____
_____
_____

¿POR QUÉ?

El contacto físico es importante para mí porque::

_____
_____
_____

¿DÓNDE?

Las partes del cuerpo que me agrada que me toquen son:

_____
_____
_____

[Pregúntale a tu pareja] ¿Qué partes del cuerpo te agrada que te toquen?

_____
_____
_____
_____

[Pregúntale a tu pareja] ¿Dónde, en público o con otras personas, te sientes cómodo/a si nos tocamos?

_____
_____
_____
_____

¿CÓMO?

¿Qué ideas se te ocurren para aumentar la intimidad física en nuestro matrimonio?

_____
_____
_____
_____

UN DESAFÍO COMÚN: NO SOY MUY DEMOSTRATIVO/A

Si tu o tu pareja han dicho esta frase, ¿cuál ha sido el efecto en su matrimonio y/o en su autoestima?

_____
_____
_____
_____

Para empezar a construir intimidad física en mi matrimonio, puedo:"

_____
_____
_____
_____

LAS GRIETAS EN EL PILAR DE LA INTIMIDAD FÍSICA

Cuando pienso en este pilar de la intimidad, considero que tenemos estas grietas:

_____
_____
_____
_____

PEQUEÑOS PASOS: DEDICA UN TIEMPO A PREGUNTARTE..

¿Qué caricias me gustan?

_____
_____
_____
_____

¿Qué caricias le gustan a mi pareja?

_____
_____
_____
_____

¿Qué puedo hacer para tocar a mi pareja como a él/ella le gusta?

_____
_____
_____
_____

¿QUÉ PUEDO HACER?

- Puedo responder cuando mi pareja me pregunta cómo me gusta que me toquen.
- Puedo trabajar para construir la intimidad física con las caricias que a él/ella le gustan.
- Puedo hacer una lista de las caricias que él/ella disfruta.
- Puedo programar una alarma en mi teléfono que me recuerde tocarlo/a.
- Puedo decir "gracias" cuando mi pareja me toca como a mí me gusta.

¿QUÉ PODEMOS HACER?

- Podemos explorar el tacto dedicando tiempo a tocar el cuerpo del otro con un único objetivo: descubrir qué nos gusta y qué no.
- Podemos programar tiempo solo para abrazarnos.

Si necesitas ayuda específica en esta área de tu matrimonio, te animo a que te inscribas en nuestro coaching en: www.oneextraordinarymarriage.com/coaching

NOTAS:

CAPÍTULO 7

PILAR #3: INTIMIDAD FINANCIERA

La intimidad financiera consiste en estar unidos y conectados en todos los aspectos financieros de su matrimonio. Se trata de tener un plan para las finanzas cotidianas, pero también para las distintas cuentas, los seguros, los planes de retiro y la distribución planificada de la herencia. Todo lo que tenga que ver con dinero forma parte del pilar de la intimidad financiera.

Lo que pienso acerca de tener intimidad financiera:

___

___

___

TUS CREENCIAS SOBRE EL DINERO TE AFECTAN A TI Y A TU MATRIMONIO

Lo que experimentaron, observaron o vivenciaron mientras crecían, incluso antes de casarse, puede tener un gran efecto sobre ambos. Tómense su tiempo para responder a estas preguntas sobre las finanzas antes de casarse.

Cuando era niño/a, la persona que se ocupaba de las finanzas era:

___

___

___

Cuando era niño/a, el dinero de mi familia era: más que suficiente/ lo justo/ nunca suficiente (elije una y explica):

_____
_____
_____
_____

Esto me afectó de la siguiente manera:

_____
_____
_____
_____

Veía que los adultos de mi entorno ahorraban principalmente para lo que querían/ compraban por impulso (elige una y explica):

_____
_____
_____
_____

Las expresiones más comunes que escuchaba en mi infancia sobre el dinero eran:

- ○ El dinero no crece en los árboles.
- ○ No tenemos dinero para eso.
- ○ Hablar o preguntar sobre el dinero es de mala educación.
- ○ No podemos permitirnos eso
- ○ Otra: _____
- ○ Otra: _____

Mis padres pagaban por todo O yo tenía que trabajar para tener lo mío (elige una y explica):

_____
_____
_____
_____

Al crecer, fui testigo de estrés financiero a causa de: la pérdida de un empleo, la muerte de un ser querido, bancarrota, embargo, ejecución hipotecaria, u otro motivo (escoge una, si es el caso, y describe lo ocurrido).

_____
_____
_____
_____

¿QUIÉN?

Cuando se trata de finanzas, espero que cada uno de nosotros participe de esta manera:

_____
_____
_____

[Pregúntale a tu pareja] Cuando se trata de finanzas, ¿cuál esperas que sea el rol de cada uno? ?

_____
_____
_____

Identifico que mi pareja tiene estas habilidades para las finanzas de nuestro hogar:

_____
_____
_____

Identifico que mis habilidades para las finanzas del hogar son las siguientes:

_____
_____
_____

¿QUÉ?

Los aspectos de nuestra intimidad financiera que hoy día son fuertes son:

- ○ Flujo de efectivo/presupuesto mensual
- ○ Seguros (hogar, automóvil, salud, vida)
- ○ Retiro
- ○ Fondos para la universidad
- ○ Hipoteca
- ○ Inversiones
- ○ Vacaciones
- ○ Otro: _____
- ○ Otro: _____

Creo que estas áreas son fuertes porque:

_____

_____

Los aspectos de nuestra intimidad financiera en los que debemos centrarnos ahora son:

- ○ Flujo de efectivo/presupuesto mensual
- ○ Seguros (hogar, automóvil, salud, vida)
- ○ Retiro
- ○ Fondos para la universidad
- ○ Hipoteca
- ○ Inversiones
- ○ Vacaciones

Capítulo 7 - Pilar #3: Intimidad Financiera | 54

○ Otro: _____
○ Otro: _____

Es importante que nos centremos en esto ahora porque:

_____
_____
_____

¿CUÁNDO?

¿Cuál es el mejor momento para hablar de sus finanzas? Consideren hacer revisiones diarias, semanales, mensuales, trimestrales e incluso anuales. Los distintos aspectos de las finanzas se deben discutir en distintos momentos.

Flujo de efectivo/presupuesto mensual	_____
Seguros (hogar, automóvil, salud, vida)	_____
Retiro	_____
Fondos para la universidad	_____
Hipoteca	_____
Inversiones	_____
Vacaciones	_____
Otro	_____
Otr:	_____

¿POR QUÉ?

Para mí, la intimidad financiera es importante porque:

_____
_____
_____

Cuando podemos conversar sobre cualquier aspecto de nuestras finanzas, me siento:

_____
_____
_____

¿DÓNDE?

Prefiero conversar sobre nuestras finanzas en _____ porque:

_____
_____
_____

[Pregúntale a tu pareja] ¿Dónde te sientes más a gusto para hablar de nuestras finanzas?

_____
_____
_____

¿CÓMO?

Cuando pienso en construir intimidad financiera, la primero que me viene a la cabeza es:

_____
_____
_____

UN DESAFIO COMÚN: ME INCOMODA EL DINERO O HABLAR DE DINERO

¿Cuál es la creencia subyacente cuando se trata de hablar de dinero o de manejarlo?

_____
_____
_____

¿Qué piensas sobre ti mismo/a o tu pareja cuando se trata de intimidad financiera?

_____
_____
_____

¿Qué cambiará en tu matrimonio cuando te sientas más a gusto hablando de dinero o de intimidad financiera?

_____
_____
_____

CRACKS IN YOUR FINANCIAL INTIMACY PILLAR

Cuando pienso en este pilar de la intimidad, considero que tenemos estas grietas:

_____
_____
_____

PEQUEÑOS PASOS: DEDICA UN TIEMPO A PREGUNTARTE...

¿Qué tan cómodo me siento hablando de dinero? ¿Por qué?

_____
_____
_____

¿Cuáles son mis creencias en torno al dinero?

_____
_____
_____

¿Qué podríamos hacer para reforzar este pilar?

_____

_____

_____

¿QUÉ PUEDO HACER?

- Puedo ser transparente en mis compras.
- Puedo participar en conversaciones financieras con mi pareja.

¿QUÉ PODEMOS HACER?

- Podemos programar un momento de la semana o el mes para hablar de nuestras finanzas.
- Podemos respetar los límites de gasto que hemos acordado.
- Podemos revisar los informes crediticios de manera anual.
- Podemos concertar una cita para poner en marcha nuestra planificación de distribución de la herencia, lo cual incluye un testamento, para crear un plan financiero.

Si necesitas ayuda específica en esta área de tu matrimonio, te animo a que te inscribas en nuestro coaching en: www.oneextraordinarymarriage.com/coaching

NOTAS:

CAPÍTULO 8

PILAR #4: INTIMIDAD ESPIRITUAL

La intimidad espiritual engloba todas las creencias religiosas y las prácticas religiosas a las que adherimos. Puede ser algo tan sencillo como rezar juntos, ir juntos a la iglesia o debatir cuestiones espirituales en pareja.

Cuando pienso en la intimidad espiritual, lo primero que me viene a la cabeza es:

_____
_____
_____
_____

Crecí pensando en la fe/religión como:

_____
_____
_____
_____

Ahora, cuando pienso en compartir este aspecto de mi vida con mi pareja, siento:

_____
_____
_____
_____

Capítulo 8 - Pilar #4: Intimidad Espiritual

LA INTIMIDAD ESPIRITUAL PUEDE SER AUN MÁS ÍNTIMA QUE EL SEXO

Cuando se trata de rezar en voz alta o de tener intimidad espiritual con mi pareja, lo primero que pienso es:

_____
_____
_____
_____

Me doy cuenta de que entrar en este nivel de vulnerabilidad tendría el siguiente efecto en nuestro matrimonio:

_____
_____
_____
_____

¿QUIÉN?

Cuando pienso en nuestra intimidad espiritual, me gustaría que cada uno de nosotros se mostrara de la siguiente manera:

_____
_____
_____
_____

¿QUÉ?

¿Qué cosas podemos hacer para fortalecer este pilar?

- ○ Ir a misa juntos (en persona o en línea)
- ○ Hacer alabanzas juntos
- ○ Rezar con y por mi pareja
- ○ Participar en un grupo pequeño grupo de espiritualidad
- ○ Dar el diezmo
- ○ Servir o misionar juntos
- ○ Otra: _____
- ○ Otra: _____

¿CUÁNDO?

¿Cuándo buscaremos intimidad espiritual?

- ○ Por la mañana
- ○ Antes de comer
- ○ Antes de dormir
- ○ Durante el servicio religioso
- ○ Otra: _____
- ○ Otra: _____

¿POR QUÉ?

Para mí es importante que tengamos intimidad espiritual porque intimar de esta manera me hace sentir:

_____
_____
_____

¿DÓNDE?

Podemos tener intimidad espiritual en cualquiera de los siguientes lugares (marca todas las opciones que correspondan):

- ○ En nuestro dormitorio
- ○ En nuestra iglesia
- ○ En la mesa del comedor
- ○ En el coche
- ○ En casa, en particular en _____
- ○ Otro: _____
- ○ Otro: _____

¿CÓMO?

Para construir nuestra intimidad espiritual, me gustaría (marca todas las opciones que correspondan):

- ○ Orar juntos
- ○ Ir a la iglesia juntos
- ○ Dar el diezmo/contribuir
- ○ Servir juntos
- ○ Adorar juntos

- ⚪ Hacer un devocional
- ⚪ Leer la Biblia
- ⚪ Otro: _____
- ⚪ Otro: _____

UN DESAFÍO COMÚN: NOS CUESTA ORAR JUNTOS

Cuando pienso por qué nos cuesta orar juntos, me doy cuenta de lo siguiente:

_____
_____
_____

Creo que nos resultaría más fácil orar juntos si:

_____
_____
_____

LAS GRIETAS EN EL PILAR DE LA INTIMIDAD ESPIRITUAL

Cuando pienso en este pilar de la intimidad, considero que tenemos estas grietas:

_____
_____
_____

PEQUEÑOS PASOS: DEDICA UN TIEMPO A PREGUNTARTE...

¿Me siento cómodo hablando de fe, religión o espiritualidad con mi pareja? ¿Por qué?

_____
_____
_____

¿Cómo podemos reforzar la intimidad espiritual entre nosotros?

_____
_____
_____

¿QUÉ PUEDO HACER?

- Puedo orar por mi pareja y por nuestro matrimonio.
- Puedo animar a mi pareja en su camino espiritual.

¿QUÉ PODEMOS HACER?

- Podemos ir juntos a misa.
- Podemos rezar juntos, en voz alta.
- Podemos estudiar la Biblia o un devocional juntos.

Si necesitas ayuda específica en esta área de tu matrimonio, te animo a que te inscribas en nuestro coaching en: www.oneextraordinarymarriage.com/coaching

NOTAS:

CAPÍTULO 9

PILAR #5: INTIMIDAD RECREACIONAL

La intimidad recreacional es la conexión y la cercanía que se crean cuando pasan tiempo juntos en casa, en citas o comparten tiempo de ocio. Consiste en los planes que ambos hacen para pasar tiempo juntos, haciendo cosas que les gustan, divirtiéndose.

Nuestra conversación de "¿Qué quieres hacer?" suele ser algo así:

_____
_____
_____

LA DIVERSIÓN NO TERMINA CON EL "SÍ, ACEPTO"

Describe cómo ha sido para ustedes pasar tiempo juntos/divertirse a lo largo del matrimonio:

_____
_____
_____
_____

Las actividades que me gustan son:

_____
_____
_____

[Pregúntale a tu pareja] ¿Cómo describirías el nivel de diversión en nuestro matrimonio?

¿QUIÉN?

Pasar tiempo los dos solos me hace sentir:

Me siento así porque:

¿QUÉ?

¿Qué hemos hecho que haya sido divertido o memorable?

_____
_____
_____
_____

Pensando en mis intereses, me gustaría que hiciéramos esto juntos:

_____
_____
_____
_____

¿CUÁNDO?

Estas son cosas que nos impiden pasar tiempo juntos:

_____
_____
_____
_____

[Pregúntale a tu pareja] ¿Con qué frecuencia te gustaría que pudiéramos dedicarnos tiempo el uno al otro?

_____
_____
_____
_____

En la etapa de la vida en la que estamos ahora, los mejores momentos para tener tiempo para los dos solos son:

_____
_____
_____
_____

¿POR QUÉ?

Cuando pasamos tiempo, los dos solos, creando recuerdos, me siento:

_____
_____
_____
_____

¿DÓNDE?

Los lugares o experiencias que me gustaría explorar son:

_____

_____

_____

¿CÓMO?

¿Qué podemos hacer para convertirnos en una PRIORIDAD de nuestra agenda?

_____

_____

_____

Los detalles de los que debemos ocuparnos para que esto sea una prioridad son:

_____

_____

_____

[Pregúntale a tu pareja] ¿Qué ideas de citas se te ocurren?

UN DESAFÍO COMÚN: SIEMPRE SOY YO QUIEN HACE LOS PLANES

¿Por qué, por lo general, es uno de los dos quien se ocupa de pensar los planes?

¿Cómo sería planificar juntos las citas/el tiempo de ocio?

LAS GRIETAS EN EL PILAR DE LA INTIMIDAD RECREACIONAL

Cuando pienso en este pilar de la intimidad, considero que tenemos estas grietas::

_____
_____
_____
_____

PEQUEÑOS PASOS: DEDICA UN TIEMPO A PREGUNTARTE...

Las actividades que me interesan en esta etapa de la vida son:

_____
_____
_____
_____

Algunas actividades que me gustaría realizar con mi pareja son:

_____
_____
_____
_____

Cuando pasamos tiempo juntos haciendo cosas divertidas, me siento:

_____

_____

_____

_____

¿QUÉ PUEDO HACER?

- Puedo cuidar el tiempo con mi pareja.
- Puedo elegir probar cosas que le gusten o interesen a mi pareja.
- Puedo dejar el teléfono cuando pasamos tiempo juntos.

¿QUÉ PODEMOS HACER?

- Podemos proponernos salir, los dos solos.
- Podemos ser creativos cuando pasamos tiempo juntos.

Si necesitas ayuda específica en esta área de tu matrimonio, te animo a que te inscribas en nuestro coaching en: www.oneextraordinarymarriage.com/coaching

NOTAS:

CAPÍTULO 10

PILAR #6: INTIMIDAD SEXUAL

La intimidad sexual es la cercanía y la conexión que se crea durante las interacciones sexuales con tu pareja. Puede abarcar, entre otras cosas, el romance, la iniciación, los juegos previos y el coito propiamente dicho.

Antes de aprender sobre los diferentes pilares de la intimidad, pensaba lo siguiente acerca de la intimidad sexual:

_____
_____
_____
_____

Cuando nos casamos, pensaba que nuestra intimidad sexual sería:

_____
_____
_____
_____

Con el tiempo, me sorprendió descubrir:

_____
_____
_____
_____

Si alguna vez existió rechazo durante el matrimonio: El rechazo en torno a la intimidad sexual ha afectado a nuestro matrimonio de las siguientes maneras:

_____
_____
_____
_____

LA MEJOR EDUCACIÓN SEXUAL

Lo que aprendí sobre sexo/educación sexual antes del matrimonio (piensa en lo que aprendiste de tus padres, en la escuela, con parejas anteriores, etc.):

_____
_____
_____
_____

Me gustaría que supieras esto sobre mi cuerpo y lo que me excita:

_____
_____
_____
_____

[Pregúntale a tu pareja] ¿Qué necesitas que sepa acerca de tu cuerpo y lo que te excita?

_____
_____
_____
_____

¿QUIÉN?

¿Qué significa para ti definir la intimidad sexual como algo sólo entre ustedes dos? (sin recursos de terceros u otras personas, porno ni arte erótico):

_____
_____
_____
_____

¿QUÉ?

Al llevar la definición de intimidad sexual más allá del coito, considero que las siguientes actividades podrían considerarse intimidad sexual:

_____
_____
_____
_____

¿CUÁNDO?

En esta etapa, creo que los mejores momentos para tener relaciones sexuales son:

_____

_____

_____

_____

En cuanto a la frecuencia, ¿qué podemos hacer para alcanzar un equilibrio en nuestro matrimonio que nos complazca a ambos?

_____

_____

_____

_____

¿POR QUÉ?

Consciente de que la intimidad sexual es uno de *Los 6 Pilares de la Intimidad*®, para mí es importante que tengamos intimidad sexual porque:

_____

_____

_____

_____

Cuando tenemos intimidad sexual, me siento:

¿DÓNDE?

Más allá de nuestra habitación y nuestra cama, me gustaría explorar tener sexo en:

¿CÓMO?

¿Cómo tomamos la iniciativa para tener sexo?

[Pregúntale a tu pareja] ¿Cómo puedo saber cuándo tú estás tomando la iniciativa?

_____
_____
_____
_____

[Pregúntale a tu pareja] ¿Qué debo saber sobre los juegos preliminares que te gustan?

_____
_____
_____
_____

[Pregúntale a tu pareja] ¿Qué opinas sobre el uso de lubricante?

_____
_____
_____
_____

[Pregúntale a tu pareja] ¿Qué te parecería probar nuevas posiciones?

_____

[Pregúntale a tu pareja] ¿Qué opinas sobre el uso de juguetes sexuales o ayudas posturales? ¿Qué lo haría más cómodo para ti?

_____

LAS GRIETAS EN EL PILAR DE LA INTIMIDAD SEXUAL

Cuando pienso en este pilar de la intimidad, considero que tenemos estas grietas:

_____

PEQUEÑOS PASOS: DEDICA UN TIEMPO A PREGUNTARTE...

Creo que una vida sexual sana para los dos debe ser así:

_____
_____
_____

Deseos que me ha costado compartir con mi pareja:

_____
_____
_____

¿QUÉ PUEDO HACER?

- Puedo seducir a mi pareja.
- Puedo preguntarle qué color le gusta que use.
- Puedo expresarme durante el acto sexual.

¿QUÉ PODEMOS HACER?

- Podemos probar/usar lubricantes.
- Podemos hablar de nuestro dormitorio como una zona de no rechazo.
- Podemos hacer del sexo una prioridad en nuestro matrimonio.

Si necesitas ayuda específica en esta área de tu matrimonio, te animo a que te inscribas en nuestro coaching en: www.oneextraordinarymarriage.com/coaching

NOTAS:

CAPÍTULO 11

TODOS LOS PILARES IMPORTAN

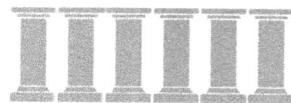

Lo primero que me viene a la mente cuando pienso en que TODOS los pilares son importantes es:

_____

_____

_____

Antes de comprender el concepto de *Los 6 Pilares de la Intimidad®*, tendía a centrarme en este/estos pilares: :

_____

_____

_____

En la etapa en la que estamos ahora, creo que el pilar del que más debemos ocuparnos es:

_____

_____

_____

Para comprender cómo una situación se ve afectada por muchos pilares diferentes, identifica cada tipo de intimidad.

SITUACIÓN: ESTE MES LLEGARON ALGUNAS CUENTAS INESPERADAS

¿Cuáles son los miedos que surgen cuando te enfrentas a una situación financiera compleja?

Esto es intimidad _____.

¿Qué sucede con tu deseo sexual/intimidad sexual cuando tienes problemas económicos?

Esto es intimidad _____.

¿Qué caricias te hacen sentir más seguro/a cuando te sientes intranquilo/a?

Esto es intimidad _____.

¿Cómo afectará esto tu capacidad para tener una cita o contratar a una niñera?

Esto es intimidad _____.

¿Cómo afecta esto tus objetivos de reducción de deudas?

Esto es intimidad _____.

¿Cómo afecta esto tu capacidad para diezmar o dar ofrendas?

Esto es intimidad _____.

No se trata sólo de cuánto dinero hay en el banco...

ESCENARIO: SE ACERCA EL FIN DE SEMANA Y TIENEN UNA CITA

¿De qué hablarán?

This is _____ intimacy.

¿Qué harán?

This is _____ intimacy.

¿Cuánto te puedes permitir gastar?

This is _____ intimacy.

¿Se tomarán de la mano cuando salgan? ¿Se besarán? ¿Se abrazarán?

This is _____ intimacy.

¿Rezarán antes de comer en el restaurante?

This is _____ intimacy.

¿El plan es tener relaciones sexuales antes o después de salir?

This is _____ intimacy.

No es solo una noche de cita...

ESCENARIO: LLEVAN UN TIEMPO SIN TENER RELACIONES SEXUALES

¿Cómo han sido las conversaciones entre los dos?

Esto es intimidad _____.

¿Cómo se han tocado el uno al otro?

Esto es intimidad _____.

¿Les pesa el estrés financiero?

Esto es intimidad _____.

¿Qué han hecho para divertirse y pasar tiempo juntos?

Esto es intimidad _____.

¿Cómo han rezado juntos para fortalecer su conexión e intimidad?

Esto es intimidad _____.

¿Qué puedes hacer para ser más romántico/a y coquetear con tu pareja?

Esto es intimidad _____.

ME DOY CUENTA DE QUE TENEMOS DISTINTAS FORTALEZAS

En nuestro matrimonio, los puntos fuertes que veo en mí son:

___

Los puntos fuertes de mi pareja son:

___

Cuando unimos nuestras fortalezas, creo que somos capaces de:

___

NOTAS:

CAPÍTULO 12

LAS BIFURCACIONES EN EL CAMINO

Luego de leer el libro y completar el cuaderno de actividades, ¿dónde te encuentras ahora? (encierra una opción)

"Fue un buen libro"   O   "Es hora de pasar a la acción"

Suponiendo que la respuesta sea "Es hora de pasar a la acción", ¿cuál es el pilar más fuerte de tu matrimonio? (Puede ser a partir del cuestionario O de lo que concluyas después de leer el libro).

_____
_____
_____
_____

¿Qué hace que este pilar sea fuerte? ¿Qué han comprendido?

_____
_____
_____
_____

¿Qué pilar puede atravesar a mayor transformación?

_____
_____

Partiendo de la idea de "Qué puedo hacer", ¿qué puedes hacer tú para empezar a transformar ese pilar?

_____

_____

_____

_____

Ahora, como equipo, ¿qué pueden hacer los dos juntos para transformar ese pilar?

_____

_____

_____

_____

¿QUIÉN NOS RESPONSABILIZA?

¿A quién he pedido explicaciones en el pasado?

_____
_____
_____
_____

Siendo sincero/a, ¿cómo ha funcionado esto para mí/nosotros?

_____
_____
_____
_____

Reconozco que necesito lo siguiente cuando se trata de rendir cuentas:

_____
_____
_____
_____

Cuando considero el coaching para nuestro matrimonio, pienso:

_____
_____
_____
_____

Lo que más he aprendido al trabajar con *Los 6 Pilares de la Intimidad*® es lo siguiente:

_____
_____
_____
_____

Nuestro próximo paso será:

_____
_____
_____
_____
_____

NOTAS:

¿NECESITAS AYUDA PERSONALIZADA PARA MEJORAR TU MATRIMONIO?

¿Estás luchando para crear el matrimonio extraordinario que deseas?

¿Parece que se repiten las mismas discusiones una y otra vez?

¿Necesitas ayuda para poner en práctica *Los 6 Pilares de la Intimidad*®?

Si tu respuesta a cualquiera de estas preguntas fue afirmativa, ¡es hora de pasar a la acción!

Solicita un coaching hoy mismo ingresando a:
www.OneExtraordinaryMarriage.com/coaching

ACERCA DE LOS AUTORES

Tony y Alisa DiLorenzo son dos reconocidos oradores, presentadores de podcasts y entrenadores sobre temas de sexo, amor y matrimonio. Comparten las dificultades y los triunfos que han tenido en su matrimonio a través de su sitio ONE Extraordinary Marriage. Con sus historias, energía y pasión, inspiran a las parejas a vivir un matrimonio extraordinario.

Después de haber lidiado con problemas tan diversos como pornografía, crisis financieras y pérdida de hijos, comprenden muy bien cuáles son los problemas que atentan contra las relaciones y la confianza. Trabajan con parejas de todo el mundo, brindándoles las herramientas y estrategias que necesitan para reconstruir la confianza.

Tony y Alisa han aparecido en FOX News, The CW, ESPN Radio, Lifestyle Magazine, Good Housekeeping y MSN Living. Son autores de varios best sellers, como 7 Days of Sex Challenge. Su podcast se mantiene en el primer puesto para los interesados en temas de matrimonio en Apple Podcast, con oyentes de todo el mundo

DÉJANOS TU RESEÑA

¿Te gustó este libro? No dejes de compartírselo a otros.

Cada reseña vale, ¡y mucho!

Acércate al lugar donde compraste el libro de actividades de Los 6 pilares de la intimidad® para dejarnos una reseña sincera.

Nos sentimos muy honrados y bendecidos de que formes parte de la familia ONE.

www.ingramcontent.com/pod-product-compliance
Lightning Source LLC
Chambersburg PA
CBHW080522030426
42337CB00023B/4602